Le pet

Bertrand Gauthier

Illustrations : Diane Blais

Directrice de collection : Denise Gaouette

Rat de bibliothèque

Données de catalogage avant publication (Canada)

Gauthier, Bertrand, 1945-

    Le petit Espoir

    (Rat de bibliothèque. Série rouge ; 9)
    Pour enfants de 6 ans.

    ISBN 978-2-7613-1864-8

    I. Blais, Diane. II. Titre. III. Collection : Rat de bibliothèque (Saint-Laurent, Québec).
    Série rouge ; 9.

PS8563.A847P47 2005   jC843'.54   C2005-940738-7
PS9563.A847P47 2005

Dépôt légal : 4ᵉ trimestre 2005
Bibliothèque nationale du Québec
Bibliothèque nationale du Canada

IMPRIMÉ AU CANADA   234567890   IML   0987
                                        10721 ABCD   SC16

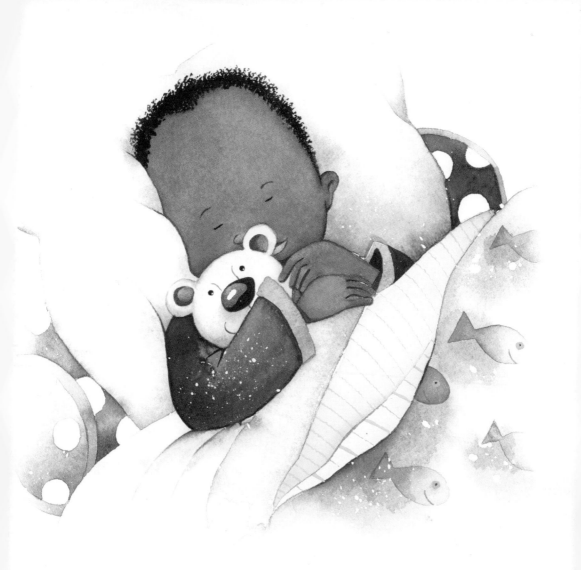

L'histoire n'est pas finie.
Le petit Espoir est endormi.

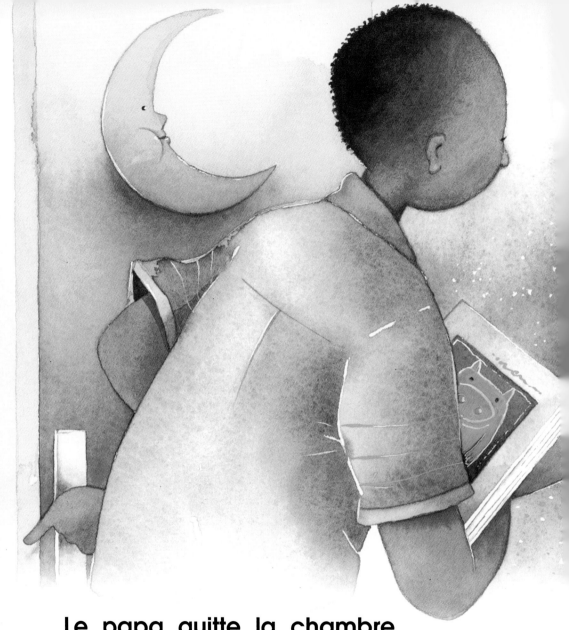

Le papa quitte la chambre
sur la pointe des pieds.

4

Comme chaque soir,
le papa chuchote dans le noir :
— Fais des beaux rêves, mon chéri.

C'est la nuit.
Le petit Espoir se réveille brusquement.

Le petit Espoir s'approche
de la fenêtre.
Il écarte les rideaux.

Dehors, la tempête fait rage.

Au milieu de la poudrerie,
le petit Espoir voit un canot volant.

Dans le canot volant,
le petit Espoir voit un géant.
Le géant rame avec une pelle géante.

Le petit Espoir se dit :
« Un canot, ce n'est pas un avion.
Un canot, ça ne peut pas voler.
Je dois rêver. »

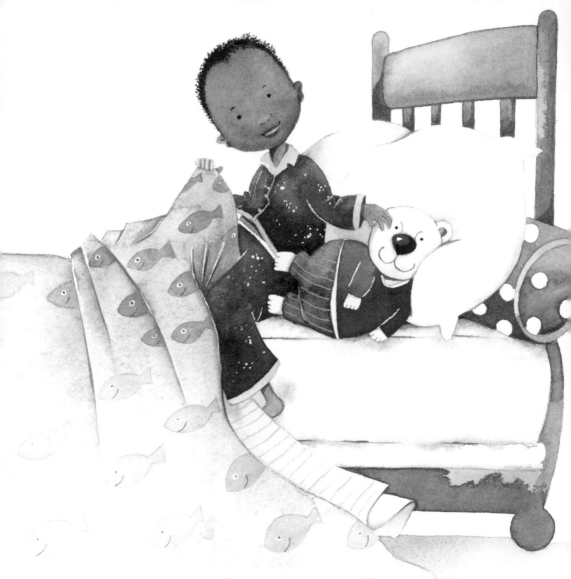

Le petit Espoir est rassuré.
Il retourne dans son lit.
Il se rendort.

Le lendemain matin,
il y a des crêpes au déjeuner.

— Papa, est-ce que les géants
aiment les crêpes ?
demande le petit Espoir.

— Les géants adorent les crêpes.
Ils dévorent des crêpes au déjeuner,
au dîner et au souper,
répond le papa en souriant.

Le petit Espoir sourit.
Il est heureux d'avoir un papa
qui connaît si bien les géants.